Lágrimas, mariposas y otros fenómenos naturales

Lágrimas, mariposas y otros fenómenos naturales

Júlia Pérez Sangüesa

TEXTOS
Júlia Pérez Sangüesa

PORTADA
Lily Vainylla (@lilyvainylla_)

MAQUETACIÓN
Andrea Gómez Expósito

NÚMERO DE EDICIÓN
Primera

EDICIÓN
Postdata Ediciones

ISBN
978-84-19411-91-4

DEPÓSITO LEGAL
V-4029-2024

A quienes conseguís que los cactus
os muestren sus flores. Gracias.

Y a mi abuelo Domingo,
quien plantó esta semilla,
aunque la esté viendo crecer desde el cielo.

(OTRAS) PALABRAS PARA (OTRA) JÚLIA

A manera de prólogo

*Te sentirás acorralada
te sentirás perdida o sola
tal vez querrás no haber nacido.*

José Agustín Goytisolo, "Palabras para Julia"

Allá por los tiempos de la pandemia, cuando yo estaba en mi penúltimo año de profesor de ESO y tú, Júlia, eras una chica de la última fila, me pediste opinión sobre unos poemas que habías escrito. Pensé que, como en otros casos que había vivido, se trataba de media, una docena de textos, pero me sorprendió, porque en el pdf que me pasaste había cerca de ciento cuarenta poemas.

Aquel poemario se llamaba *Proyecto Caos*. En general, saqué una impresión positiva de la lectura: la tenacidad demostrada en la cantidad de poemas y la frescura y puesta al día con que abordabas los temas de siempre, especialmente los relacionados con los problemas de eso que llamamos "adolescencia", captó mi interés; el mismo título me había llamado la atención: no me encajaba el "caos" con los buenos modales, las buenas notas y la capacidad de raciocinio de la chica de la última fila. Y menos como "proyecto". Pero todas las personas tenemos grietas, incluida tú. Y cuando vives en la galaxia pubescente, las grietas pueden provocar auténticos derrumbes. Te di algunas

9

indicaciones formales, te corregí algunas faltas ortográficas y supongo que te dije aquello de "Sigue escribiendo". Al parecer, lo has hecho.

Ahora, ya universitaria (¿en qué fila te sientas ahora en tus clases?), tienes la oportunidad de compartir las emociones, pensamientos y sentimientos de esa etapa (no) pasada con un público lector más amplio que el que formaban tus compañeros y compañeras de clase y tus amigos y amigas de entonces (perdona que no use "compañeres" y "amigues": soy sexagenario, mi galaxia es otra).

Porque sigues siendo la misma y eres otra al mismo tiempo, porque la adolescencia es cambio continuo, el primigenio *Proyecto Caos* se ha transformado en el actual *Lágrimas, mariposas y otros fenómenos naturales* que los lectores tienen entre manos. Unos dos tercios de los actuales textos se hallaban ya inmersos en aquel Caos y han sobrevivido a la estricta criba a que los has sometido. Otros treinta han sido creados desde entonces y recogen seguramente experiencias más recientes. El mundo de la adolescencia, por tanto, sigue impregnando forzosamente este libro. Y desde esta perspectiva ha de leerse: un libro con inquietudes de adolescente que luchan por ser expresadas en un lenguaje directo, actual, fresco, alejado de (casi) toda retórica.

Como a muchos poetas antes que tú, para expresar ese mundo emocional de la galaxia pubescente, el lenguaje te parece "insuficiente": *las palabras no salen, son incapaces*, leemos en "Etéreo"; *escucho tus palabras / pero las mías siguen sin salir*, en "Caída libre"; *ya no me quedan palabras*, en "Dos estrellas"; incluso el lenguaje de los emojis ("Inexplicable") resulta insuficiente. De ahí que, como esos poetas de la tradición, te valgas en muchas ocasiones de las paradojas y antítesis para mostrar los sentimientos contradictorios que todos experimentamos a lo largo de la vida ("Hallazgos", "¿Puede?", "¿Pasado o presente?"). La conciencia lingüística ("Adverbios") y el acto de escribir están presentes en bastantes textos (*Qué rabia que mis mejores poemas / hablen sobre ti*, dices en "Rabia"). A veces tienes tendencia a la narratividad o a la fabulación (ese triángulo que forman 'la mujer cactus', 'el hombre globo' y 'el hombre almohada'), e incluso a la escenificación ("Como extraños", "Transporte público"). Y eres capaz de hacer convivir de manera natural en tu libro a Bécquer con Morat, a García Lorca con Duki o Taylor Swift.

Desglosemos un poco. Divides el poemario en seis apartados o capítulos de títulos binarios.

En la primera parte nos das una visión un tanto pesimista de tu yo poético. Es un ser fatal e involuntariamente destructivo, un ser amurallado y punzante que se causa dolor a sí mismo y a los demás ("Imanes", "Murallas", "La mujer cactus"); un ser desorientado, que se mira varias veces al espejo para preguntarse sobre sí mismo, a veces con cierta nostalgia ("Reflejo") y a veces oscilando entre la inseguridad y el empoderamiento ("Querida yo del espejo"); también encuentras hueco para las ausencias ("Ojos tristes", "Desaparición", "Día a día").

En el apartado 'Mariposas y luz' te decantas plenamente por la temática amorosa: el amor a veces disfrazado de amistad, o la amistad confundida con el amor. ¡Ambos sentimientos se muestran tan cercanos en la adolescencia! Y tanto el amor como la amistad son muy contradictorios, así que no ha de sorprendernos encontrar "Paz" al lado de "Te odio". Los lectores compartiremos contigo inseguridades ("Perfección"), desconcierto ("Limerencia"), enamoramiento ("El efecto Eros")…

En el tercer bloque predomina la negatividad y el sufrimiento (no hay que olvidarse nunca de las Lágrimas del título del libro): más desencuentros que encuentros, ausencia, abandono ("Restos", "Tu partida"), la desazón que provoca el recuerdo que reconcome. Incluso hay lugar para los celos ("Dudas") y no es de extrañar que en los últimos poemas se repita la palabra rabia ("Rabia", "Lo que nos queda").

La permanencia del dolor, no solo el de origen amoroso -en un sentido convencional-, sino el que sigue a cualquier pérdida ("Dos estrellas"), está presente en 'Lágrimas y cenizas': *el recuerdo se desvanece, / pero la pena no* ("Perdida"). Oscilas entre lo inconcreto, lo fantasmal ("Espectro", "Perdida") y lo tangible cotidiano ("Vuelve, pequeña", "Transporte público"). Tu yo poético busca el consuelo en el olvido, pero esa también parece una batalla perdida, porque olvidar no es fácil.

Como eres hija de tu tiempo, hay espacio en este poemario para la reivindicación feminista, para la defensa de la diversidad de género, para la denuncia ecológica y política… En general, los textos reunidos bajo el epígrafe 'Libertad y esperanza'. Como hija de tu tiempo, pareces algo desesperanzada de que el mundo pueda cambiar y pienso que en eso te equivocas, porque cambia constantemente, como tú, como todos tus lectores, y, por suerte, no siempre para mal, como bien sabes.

Quieres cerrar el libro con una treintena de frases de carácter sentencioso que condensan, en su brevedad, muchos de los motivos y temas que has ido tratando a lo largo del poemario y que siguen rondando por tu cabeza. En una primera lectura, los encuentro un poco caóticos. Al releerlos, quizá veo la luz: es otro "proyecto caos": no el final de este libro sino (quiero creer) el arranque de otro. Sigue tratando de poner orden al caos. Sigue escribiendo.

Carlos Latre Luján

No tengo nada que ver con aquella chica, pero sigo siendo ella.

MOSAICO ROJO NEGRO BLANCO

Flores y cicatrices

Imanes

Soy un imán,
un imán que atrae a las personas,
que se hace su amiga
y después las destroza.
Las aleja sin quererlo,
les daña sin saberlo
y las rompe sin verlo.
Soy un imán que evita tu mirada,
porque sabe que si te mira
la suerte volverá a estar echada,
el reloj volverá a girar
y ya no habrá marcha atrás.
El tiempo juega a nuestro favor,
o eso dicen,
las palabras intentan opacar el dolor,
pero no sirven,
las lágrimas caen;
y este imán,
tan destructivo,
tan dañado,
tan hundido,
encuentra en sus sueños
todo lo que había perdido.

Inexplicable

Tantos emojis,
tantas palabras
y tantos gestos,
y ninguno sirve para expresar cómo estoy.

Reflejo

Me miro al espejo
y no me veo.
Me miro al espejo
y veo a una chica
que se parece mucho a mí,
pero no me reconozco.
Veo sus cicatrices,
sus miedos
y sus inseguridades.
Veo el pasado que tuvo,
el presente que tiene
y el futuro que puede tener.
Veo lo que le gusta hacer,
su color favorito
y la música que escucha,
pero no veo su sonrisa,
ni el brillo de su mirada,
ni sus mejillas sonrojadas.
Me miro al espejo,
veo la chica que soy
y solo puedo pensar
en lo mucho que echo
de menos la que era.

Sin lágrimas

No llores cuando me vaya,
no le grites a tu almohada,
no le pegues a la pared.
No maldigas ni reniegues,
no es tu culpa lo que sucede,
nadie de aquí sabrá qué hacer.
No llores cuando me vaya,
sigue hablando como siempre,
sonríele condescendiente,
esconde siempre lo que sientes.
Escribe, mucho,
desahógate así,
el dolor siempre
hay que dejarlo salir.
No llores cuando me vaya,
no vale la pena que sufras,
solo mira al cielo y promete
que superarás esta desventura.

Ojos tristes

No estoy llorando,
pero tengo los ojos tristes.
Eso te digo cuando me preguntas
si pasa algo,
si va todo bien.
Claro que sí,
todo va bien,
solo tengo los ojos tristes.
Y no lo entiendes
y no me crees
y veo que mientes
cuando dices que te alegras
de que todo esté en orden.
No confías cuando te lo explico,
solo ves a una chica con ojos rojos
con pinta de llorar en cualquier momento,
pero que no llora,
que solo escribe.
Y no sé qué más decirte:
que no pasa nada,
solo pasa todo,
que ya no lloro tanto,
pero aún duele,
que aún les echo de menos,
pero que ya no vuelven.

Y me miras y sonrío
y digo que todo está bien,
y si miento y no lo está,
en un rato lo estaré.

La mujer cactus

Ella era fría, parecía invencible,
no dejaba que se le acercasen,
se cubría de espinas,
de una muralla indestructible.
Lo que nadie sabía es que en el interior
ella escondía un corazón de cristal,
tan frágil, tan fácil de romper,
que protegerlo era lo único que podía hacer.
Entonces le conoció,
tan redondo, tan perfecto,
sin agujeros ni heridas,
sin cicatrices ni defectos.
Parecía que viviera
a tres metros sobre el cielo,
mostraba un mundo sencillo,
aunque en parte inalcanzable,
tan falso, tan idílico,
que con solo un choque se hizo añicos.
La mujer cactus se enamoró,
aunque nunca quiso,
aunque nunca debió;
el hombre globo la aceptó,
aunque solo fingiera,
aunque solo actuó.
Se separaron discutiendo
sin tocarse ni gritar,
como siempre habían hecho,
sin atreverse a perdonar.
Ella mostró sus espinas,
él tan inalcanzable en el cielo,

ninguno dijo lo que sentía,
ninguno quiso ponerse de acuerdo.
Al cabo de un tiempo de aquello
a los dos les quedaron recuerdos,
todas las sonrisas y el cariño,
la felicidad de aquellos momentos.
Él siempre la echó de menos,
aunque nunca lo demostrara,
ella siempre le guardó un hueco,
aunque nadie lograra traspasar la coraza.
Pasaron los días y los años
y ella conoció al hombre almohada,
tan opuestos, pero aún así
él consiguió que volviera a sonreír.
La confianza volvió poco a poco,
se fue el miedo a herir, a salir herida,
el dolor no se fue tampoco,
pero sí hubo mejoras en su vida.
No sabía qué sentía,
no quería sentirlo,
el miedo a perderle
le impedía admitirlo.
Aunque al final se enamoró,
no pudo escogerlo,
era tan feliz,
tanto como había deseado serlo.
Pero un día llegó
y sus caminos se separaron,
perdió otra vez a su hombre,
no pudo recuperarlo.
Ahora se siente sola,
se siente perdida,

se pregunta quién podrá hacer
que de nuevo se sienta querida.
La mujer cactus descubrió a la fuerza
que pese a mucha defensa que tuviera
siempre habría alguien que lograría traspasarla
y que verías lo que había más allá de ella.

No escoges de quién te enamoras,
tampoco quién va a hacerte daño,
pero sí con quién vas a arriesgarte
y con quién podrás dejar el escudo al lado.
No es malo querer, ni sentirte querido,
aunque a veces puedas resultar herido,
al fin y al cabo más vale haberlo vivido
que siempre vivir con lo que podría haber sido.

Murallas

Después de tantos años,
tantos golpes
y tantas batallas,
su corazón no se rompió,
pero se hizo de piedra.
Se rodeó de un muro de hierro,
de miles de espinas
y sin ningún puente
por el que cruzar a su interior.
Cambió
y vivió a la defensiva,
rodeada de un muro de acero
protegiendo un corazón de cristal.

Querida yo del espejo

No sé cómo lo haces
pero siempre consigues hacerme sentir insegura,
ya sea por mi pelo,
mi rostro
o mi cuerpo.
Por eso hoy he venido
finalmente a decirte
que no necesito esconder
ni esconderte
cómo soy;
no necesito que nadie me llame "preciosa"
porque sé que lo soy y punto.
Querida yo del espejo,
ya no puedes hacerme daño.

Certeza

Y nos volveremos a ver
en otras ciudades,
tiempos,
momentos.
Con otros amigos,
familiares,
parejas.
Y te arrepentirás
de lo que pasó,
tanto
como yo te habré olvidado.

Sorpresa

Si el mundo gira en tu contra,
tú sonríele.

Luces

Si tanto te preocupa que no brille,
¿por qué me apagas?

TNT

La chica que yo conozco
resurge de sus cenizas
incluso cuando ya no quedan
y bate sus alas con fuerza
para demostrarle al mundo que puede volar.

Conversaciones pendientes

Inseguridad, guárdate las dos primeras letras y ayúdame a estar mejor conmigo misma. Dile a *miedo* que hoy le dejaré en casa, a ver si poco a poco se me pasa su efecto.

Cuéntale a *depresión* que aunque llore a mares acabaré superándola. Avisa a *insomnio* de que muy pronto el sueño sustituirá a los recuerdos.

Explícale a *memoria* que lo que hace está bien, pero nunca es bueno anclarse en lo que ya fue. Coméntale a *tristeza* que alegría me espera impaciente a la vuelta de la esquina.

Dile a pesimismo que *positivismo* merece la oportunidad que le prometí hace años. Recuérdale a *ilusiones* que a veces emocionarse tanto no es bueno.

Cuéntale a *filofobia* que tengo que arriesgarme para ganar y que hay alguien que está ahí esperándome. Recuérdale a *impulso* que nunca va mal pensarlo dos veces y que siempre vale más prevenir que curar.

Pero, sobre todo, asegúrale a *pasado* que pese a que le tengo cariño, por fin le estoy dejando atrás.

Desaparición

Me fui y cuando volví
me di cuenta de que ya no estabas,
de que ya te habías ido,
de que no habías intentado esperarme.
Quizá no era yo el problema,
ni mi miedo,
ni mis inseguridades,
quizá al fin y al cabo
tú nunca quisiste quedarte.
Ahora tu ausencia pesa
pese a que el tiempo la va opacando,
me recuerda a aquella primavera,
a la calidez de aquel lejano verano.
No sé qué hacer con tus recuerdos
que pasean a sus anchas por mi mente,
sé que debería echarlos
pero soy incapaz de encararlos de frente.
Y aunque tu presencia persiste
sé que te he superado,
y aunque tú nunca me quisiste
ahora tengo a alguien mejor a mi lado.
Aprendí que no se trata de quién se va
cuando tú desapareces un tiempo,
sino de quién se queda esperando
porque no le basta con un solo intento.

Hallazgos

Dejé de buscarte a ti
y me encontré a mí.

Día a día

¿Qué andarás haciendo ahora?
Bailando como una niña pequeña
en aquel salón,
sintiendo los acordes vibrar
y cantando a todo pulmón.
Sonreirás mientras en la cocina
preparas un pastel
o cuando hables con el chico aquel,
ese que siempre me hizo dudar,
ese por el que parecías suspirar.
¿Qué andarás haciendo ahora?
Mirando absorta una telenovela,
planificando aquel viaje a Inglaterra,
vistiéndote y llevando tu sudadera negra.
Tal vez juegas a fútbol con tus amigos
o haréis una pijamada el domingo,
tantas salidas y ninguna conmigo.
¿Qué andarás haciendo ahora?
Gritando porque ha ganado tu equipo,
celebrando las metas que has cumplido
o cenando junto a algún viejo amigo.
O estarás leyendo uno de tus libros,
escribiendo uno de tus poemas
o llorando y desahogando tus penas.
¿Qué andarás haciendo ahora?
Pensando en alguno de nuestros momentos,
lamentándote quizá de que solo sean recuerdos,
olvidando lo que prometimos aquel invierno.
Y yo recordando que olvidé
enviarte aquella nota

mientras a solas me pregunto
"¿qué andarás haciendo ahora?".

Aceptamos el amor que creemos merecer.

LAS VENTAJAS DE SER UN MARGINADO

Mariposas y luz

Paz

Me refugio en tus brazos
evitando mirarte
y encajo mi cabeza
en el hueco de tu cuello.
Noto tus latidos
al compás con los míos,
suspiro despacio
y me tranquilizo.
No decimos nada,
nos envuelve el silencio,
acaricias mi espalda
y me voy durmiendo.
Me besas la frente
cuando cierro los ojos
y te abrazo más fuerte
pa' espantar mis demonios.
Sonrío tranquila
acostada en tu pecho,
juegas con mi pelo
hasta que al fin me duermo.
No me he atrevido
a decir que te quiero,
pero confío en que tú
puedas entenderlo.

Te odio

Te odio.
Odio tu sonrisa
y lo que me hace sentir,
odio tus mejillas
y su sonrojo cuando te hablo de amor,
odio tus tonterías
y lo mucho que me haces reír con ellas.

Odio tus manos
y la sensación que producen
junto a las mías,
odio tu pelo
y lo suave que es,
odio tu mirada
y la tormenta de sentimientos
que es capaz de crear.

Odio las palabras
que me susurras al oído
haciéndome cosquillas,
odio tu rostro
y las lágrimas que he visto caer por él,
odio tu altura
y lo pequeña que me hace sentir a tu lado.

Te odio,
pero sobre todo odio
no poder evitar quererte.

El hombre almohada

La gracia del hombre almohada
es que antes de enamorarme,
de estar juntos
o prometerme el cielo,
ya me hacía sentir única.

Me enseñó a querer
y también a quererme,
me contagiaba la sonrisa
aunque por dentro fuera lágrimas,
inseguridades, penas,
o humo y llamas.

Me hablaba de todo
y a la vez de nada,
siempre sentía
que de verdad me escuchaba,
apartaba mis demonios y mis sombras
sin ni siquiera hacerle falta mirarlas.

Reflejaba su luz y la mía
como si de un espejo se tratara,
con él me sentía querida y aislada
de todo el caos que me rodeaba.
Sus abrazos conseguían
hacerme sentir segura
y sus ánimos lograban
que creyera que estaba a la altura.

Me llamaba boba y estrella
como si pudiera ser una de ellas.
Creo que le quise
antes de notarlo,
creo que lo noté
mucho antes de aceptarlo,
sus palabras conseguían
subirme a la luna de un salto.

Aún me falta conseguir
decirle que estoy aquí para apoyarlo,
que no sabe lo mucho que le quiero
y que le agradezco todo lo que ha hecho;
que aún no creo
que de verdad me merezca tanto.

Perfección

No necesitas a la persona perfecta,
sino a una que acepte tus defectos
y comparta los suyos.

Limerencia

No sé lo que me pasa.
Bueno, sí,
su sonrisa me pasa.

Inefable

Se rompe la distancia
y te abrazo con fuerza.
Todas las conversaciones
se resumen en ese momento,
tú me correspondes
y yo, inconscientemente, sonrío.

Morat

Si nuestra amistad fuera una canción de Morat,
¿cuál encajaría mejor con nosotras?

Tal vez "Mil tormentas",
porque siempre me salvas,
porque pase lo que pase
cuento con tus alas.

O si no "A dónde vamos",
porque estando a tu lado
no me importa el destino,
solo, si es contigo.

Pero, ¿y si fuera "Aprender a quererte"?
Plasmaría todo.
Nuestro principio,
las primeras conversaciones,
los primeros secretos,
los descubrimientos.

Creo que si fuera una canción de Morat,
definitivamente sería una nueva.
Una que falta por escribir,
que hable de nosotras
y de todas las amistades,
de las risas y las bromas,
pero también los llantos,
de estar ahí siempre
y pase lo que pase seguir estándolo,
de que a pesar de la distancia

no perdemos el contacto.
Si nuestra amistad fuera una canción de Morat,
no la dejaría nunca de escuchar.

Veneno

La distancia me mata,
lentamente,
capa a capa.
Me separa de ti,
de tus sonrisas,
de tus abrazos.
Me aferro a tu recuerdo
sin poder evitarlo,
es el antídoto para el veneno
que los kilómetros causan,
ese que hace que no te vea,
ese que me corroe por dentro,
ese que, algún día,
dejará de existir.

Bote salvavidas

Una lágrima traicionera
corre por mi mejilla
y cae al suelo.
Los dos bajamos la cabeza
y la miramos,
a la vez,
casi coordinados,
en silencio.
Un suspiro comprensivo
rompe el tenso ambiente
y tus brazos me envuelven.
Algo se rompe en mí
y desencadena una tormenta,
la lluvia te moja la camiseta
pero eso no evita que tu abrazo
recoloque poco a poco mis piezas.

Aún me amas

Aún me amas,
aún recuerdas aquel "nosotros",
aún anhelas recuperarlo.
Dime a cuántos labios besaste
buscando nuestros besos,
dime a cuántas personas más quisiste
con las mismas ganas que a mí,
dime si alguna vez pensaste
que eran la persona indicada para ti.
Aún me amas,
aún piensas en los miedos
que apartábamos juntos,
aún odias aquellas inseguridades
que poco a poco conseguiste derrotar,
aún recuerdas todo lo bueno que nos rodeaba
y que hacía que lo malo pareciera una brisa.
Y al final ninguno pensó en el otro,
y al final nos separamos
sin que ninguno quisiera,
y al final solo somos dos desconocidos
con recuerdos en común.
Aún me amas,
aún me queda esa certeza,
aunque quizás solo es el anhelo
de que correspondas mi deseo.

El efecto Eros

Me estoy enamorando
de las tardes de lluvia y película,
de las mañanas con churros y chocolate
y las noches de pizza y Netflix.

Me estoy enamorando
de las conversaciones interminables,
de los secretos susurrados
y las canciones compartidas.

Me estoy enamorando
de las sonrisas ladeadas,
de los abrazos que reconfortan,
de los "ven aquí, pequeña".

Me estoy enamorando
de los besos que dejan sin aliento,
de las caricias que curan heridas
y de las miradas que calman tormentas.

Me estoy enamorando
de tu pelo desordenado,
de tu dulce olor a colonia,
de tus ojos electrizantes.

Me estoy enamorando.
Me estoy enamorando de ti.
Mierda.

Baile en la tormenta

La encontré en la lluvia
bailando entre las gotas,
luminosa como un rayo
y resistente como un trueno.
Nuestras miradas se cruzaron
y vi la tormenta en sus ojos
y el brillo de su mirada
que me desafiaba a acercarme.
Acepté el desafío y bailé con ella,
el mundo se paró entre nosotros
y el tiempo se detuvo
al rozarse nuestros cuerpos
y juntarse nuestros labios.
Ahora la busco en cada llovizna y chubasco,
en cada gota y en cada lágrima
para pedirle que de nuevo
vuelva a bailar con mi ánima.

Luz

Le veo sonreír
y soy incapaz de asumir
lo bien que le queda ese gesto.

Ultimátum

Sabes que estás enamorada
cuando todos los poemas cursis que has escrito
te acaban haciendo pensar en él.

Faro

Te quiero,
porque cuando mi luz se apaga,
la tuya me alumbra.

Enamorarse y otras locuras

El amor no son los cuentos de hadas,
ni Jack, Rose y el Titanic,
ni las pelis de Disney,
ni Romeo, Julieta y la muerte trágica.

Enamorarse son las mariposas en el estómago,
es ese mensaje de buena mañana que te alegra el día
y ese de buenas noches que le da un final cálido,
es reír a carcajadas y llorar sin vergüenza,
las llamadas a la madrugada
y las fotos haciendo tonterías y sacando la lengua.

Enamorarse es ser tú mismo sin disimular,
es ese abrazo que te hace sentir seguro
y ese beso que te hace desear más,
es esa mirada que no necesita palabras
y esa voz que reconoces sin tener que mirar.

El amor no es morir por alguien,
ni que ese alguien muera por ti,
no es darlo todo
y quedarte tú sin nada.
El amor es estar ahí cuando haga falta,
es que te apoyen,
que no importe la distancia,
que te contagien la sonrisa
y te borren las lágrimas,
Enamorarse es empezar hablando de amor
y acabar hablando de ti.

¿Cómo te pido...?

No puedo pedirte que te enamores,
ni siquiera que lo intentemos,
la distancia es demasiado,
el no estar ahí es muy complejo.
Dicen que los opuestos se atraen
y quizá un poco de diversidad esté bien,
pero es que nos separan tantas cosas,
es tan fácil diferenciar quién es quién.
No voy a poder estar cuando llores,
ni siquiera en tus mejores logros,
no podré prometerte tiempos mejores,
pero intentaré librarte siempre de tus temores.
No voy a pedirte que te ilusiones,
tampoco que me quieras
como te quiero yo,
aunque sí te dedicaré algún poema
y de seguro alguna que otra canción.
No puedo pedirte que te enamores,
ni que hablemos sobre esto
o pensemos en un futuro,
parece todo demasiado arriesgado
y, aunque de rabia, no hay nada seguro.
Así que a fin de cuentas
no creo que te pida nada,
solo sé que escribo esto pensando en ti
y espero que si lo lees en un tiempo,
aún estando lejos,
te acuerdes de mí.

No es solo querer

Sé que me quieres,
al menos lo sé a ratos;
a veces no quiero saberlo,
a veces no puedo olvidarlo.
Pero, ¿quién dijo que el amor bastaba?
No siempre quien quiere puede,
no siempre el amor gana.
A veces no se puede quererse,
otras se quiere a más no poder,
algunas se quiere y no se puede
y generalmente no se puede no querer.
Sé que me quieres,
que juras hacerlo,
que no siempre mientes,
que quiero creerlo.
Pero, aunque me quieras,
yo también sé
lo que es que te quieran
y no corresponderlo,
o que te he visto quererla
e intentar esconderlo.

Bajo cero

Hoy la sudadera me envuelve
y su calor me recuerda a ti.
Ojalá fueran tus brazos y no ella
los que impidieran al frío venir a por mí.

Puntos cardinales

Enamorarse puede ser perder el norte
o encontrar la brújula.

Los recuerdos eran como el amor: dolían y sanaban, ambos al mismo tiempo.

FANTASMAS DEL MERCADO DE SOMBRAS

Ironías y contradicciones

Ella

No quiero escuchar tus audios,
no quiero releer tus mensajes,
no quiero reabrir tu chat.
Tampoco quiero olvidar tu voz.

Quiero verte volver,
que no te hayas ido nunca,
arreglarlo y hacerlo bien.
Ojalá aún siguieses aquí.

Te echo de menos o quizás
eché de más lo que fuimos,
quizás todo fue una ilusión.
Entonces, qué bonita invención.

No quiero escribirte,
no quiero pensarte,
quiero olvidarte.
No sé cómo no hablar de ti.

¿Piensas en mí?
¿En lo que no seremos?
¿En si me quisiste?
Ojalá no me olvides.

Quiero quitarme una parte,
dejar de sentir(te),
querer olvidarte.
No puedo borrarte.

Nunca pensé que sería
una versión de mí nueva,
una que al menos tú
ya no conocieras.
No me reconozco.

Tú (y yo)

Me encanta
cuando sonríes sin querer,
cuando te ríes sin pensar,
cuando hablas por hablar.
Cuando te encuentro en lugares,
fotos,
recuerdos;
en todo lo que fuimos y en lo que somos,
en todo lo que no decimos pero pensamos.
Y te olvido,
cuando te vas sin avisar,
cuando peleamos sin parar,
cuando ya no queda nada más.
Y cuando menos lo espero,
vuelvo a pensarte,
y cuando menos lo quiero,
vuelves a hablarme,
y si te fuera sincera,
volvería a enamorarme.

¿Puede?

Si puedes llorar de alegría
y morir por amor,
¿puede amar la muerte
y sonreír la tristeza?

Adverbios

Nunca digas nunca.
Pues siempre existirá ese quizá
que convierte el tal vez en sí.

Detalles

Él era una ventisca
y ella un huracán.
¿Aún te preguntas por qué no funcionó?

Restos

Te fuiste,
de un día para otro,
sin decir adiós.
Te fuiste
y solo quedaron tus recuerdos,
el eco de tu voz
y la certeza de lo que habíamos sido
y jamás volveríamos a ser.
Te fuiste,
tan rápido,
que llegué a la conclusión
de que nunca quisiste quedarte.
Te fuiste
y hubo momentos de tanto vacío
que llegué a preguntarme
si alguien me echaría de menos
si yo me iba.
Te fuiste
y pese a todo,
tu recuerdo y yo
seguimos aquí.

Tu partida

Te fuiste y dejaste
la cama sin hacer,
tu cepillo en el baño
y mil recuerdos en la habitación.
Te fuiste y no escribiste
ni siquiera una nota,
ni siquiera una explicación,
ni siquiera una disculpa.
Te fuiste y te llevaste
aquel cuadro de Van Gogh,
los libros de Laura Gallego
y un trozo de mi corazón.
Te fuiste y aún así
aún siento tu mirada,
aún anhelo tus besos
y aún noto tu presencia.

Podría

Podría escribir sobre el vacío que dejaste,
sobre las fotos que se quedaron,
sobre los recuerdos que aún perduran.
Podría escribir sobre los abrazos que no te di,
sobre todo lo que no te dije,
sobre lo que no me dio tiempo a hacer.
Podría escribir sobre ti,
sobre la muerte,
sobre la vida,
sobre lo mucho que te quería.
Podría escribir sobre eso
y, aun así,
lo único que me sale
es lo mucho que te echo de menos.

Probablemente

Probablemente no te acuerdes de mi nombre,
ni de nuestras risas,
ni de nuestros besos.

Probablemente su sonrisa
es lo que te importa ahora
o sus aficiones
o sus manías.

Probablemente lo nuestro
no fue más que un sueño,
un cuento de hadas,
una tontería.

Probablemente ya me hayas olvidado,
probablemente no quieras recordarme,
probablemente ni exista mi recuerdo.

O tal vez me eches de menos,
como lo hago yo.

Huracán

El huracán ya ha pasado.
El número de bajas es solo uno.
Un corazón no sobrevivió a la despedida.

Desastre

Tú.
Nosotros.
Siempre.
Ese tal vez que se convirtió en nunca.

Como extraños

Ella lo ve entrar por la puerta
desde su asiento,
el pelo repeinado como siempre,
las pintas de chulo
y su chupa de cuero.
Él no la mira,
no percibe su presencia;
observa alrededor hasta verla sentada,
se acerca despacio,
casi con cautela
y sonríe irónico,
casi con pereza.
"Te he echado de menos"
piensa ella internamente;
en cambio, le mira seria,
altiva, condescendiente,
"eres incapaz de ser puntual, ¿verdad?"
le dice mirándole y él asiente.
"Hay cosas que no cambian"
contesta él, indiferente,
"como que sigues igual de guapa"
se le pasa de pronto por la mente;
pero se calla rápidamente
obviando el impulso de atreverse.
"Te doy la colonia y me piro.
Eso era lo que querías, ¿no?"
comenta ella suspirando,
"di que no y quédate un rato,
podríamos quedarnos hablando",
pero solo son pensamientos,

no se atreve a decirlo en alto.
"Pues claro que sí, listilla"
responde alargando la mano,
"además tengo cosas que hacer,
ahora soy un chico ocupado"
le mira él sonriendo
"pero ojalá lo fuera a tu lado".
Ella, ajena a esto último,
le alarga el bote de perfume y se levanta,
"no te creas que yo tengo tiempo,
está siendo una semana larga",
coge la chaqueta y se rozan sus manos,
"madre mía, ¿se puede saber qué me pasa?"
"Bueno, pues que vaya bien"
responde él apartándola,
"te diría ya nos veremos,
pero no creo que tengas ese placer"
cree sentir que se sonroja
y se gira para evitar que lo puedan ver.
"Pff, ya te gustaría"
contesta ella con una leve sonrisa,
"por cierto, ya me he enterado,
enhorabuena por la noticia"
su rostro cambia girándose para irse,
"ojalá yo fuera ella" piensa y sonríe triste.
"Ah, claro, gracias"
responde él tartamudeando,
"la verdad es que estoy muy contento"
miente para evitar desconciertos,
"en fin, yo ya me marcho,
saluda de mi parte a tu hermano".
"Claro, se lo diré encantada"

asiente ella aunque dudando,
"mañana será un nuevo día,
mañana nos habremos olvidado"
se aleja rápido pensando
y, como la última vez,
evitando mirarlo.
"Ojalá hubiera reaccionado"
piensan los dos sin girarse,
"ojalá pudiéramos arreglarlo"
suspiran y miran hacia delante,
"pero hay cosas que no se pueden"
intentan autoconvencerse.
Y es que a veces ese hilo rojo
no es tan certero como dicen,
a veces no es el momento
ni el estar equivocado:
a veces hay historias
que ya tenían su final preparado.

Contraste

Tu sonrisa espantaba
todos mis demonios
y fantasmas.
Tus mejillas sonrojadas
me inspiraban cariño
y risas por igual.
Tus abrazos me demostraban
que la seguridad
no tiene por qué ser un lugar.
Lo único que hacen tus recuerdos
es torturarme por los noches
y prohibirme que te olvide.

Vuelve

En tres años si quieres,
en diez si estás más segure
o cuando por fin nos jubilemos,
pero vuelve.

Con o sin chaqueta,
con otro corte de pelo
o con una pareja nueva,
pero vuelve.

Dejando la puerta abierta,
revolucionando mis recuerdos
o calmada y silenciosamente,
pero vuelve.

Y vuelve a irte si quieres,
déjame de nuevo y reforma tu vida,
solo te pido que vuelvas
y antes de irte te despidas.

Profecía

A la tercera va la vencida, dicen;
y eso fue justo lo que pasó:
que a la tercera
me venciste.

Qué lástima

Podría escribir sobre los secretos susurrados,
sobre los abrazos reconfortantes,
sobre los besos en aquel parque.
Tal vez sobre el cariño que te tenía,
sobre lo mucho que te quería
o sobre todo lo que aún recuerdo.
Podría escribir sobre el día en que te fuiste,
sobre la puerta que nunca cerraste,
sobre la ventana que nunca abrí.
Quizá podría escribir sobre nosotros,
sobre lo que fuimos,
sobre lo que no seremos,
sobre lo que podríamos haber sido.
Lástima
que en vez de escribir sobre eso,
escriba sobre ti.

Todavía

Todavía está nuestro cuadro en el salón,
tu cepillo en el baño
y tu perfume en el aire.
Todavía suena aquella canción,
resuenan los gritos de aquel día
y el silencio es tan ruidoso
que es lo único que se escucha.
Todavía recuerdo todo lo que fuimos,
me pesa lo único que somos
y me duele lo que ya no seremos.
Todavía guardo en mi mente
la chispa de tu mirada,
la curva de tu sonrisa
y el sabor de tus labios.
Todavía, pese a todo,
sigo pensando en ti.

Malgasto

A veces no nos damos cuenta
del tiempo que gastamos
hasta que ya no nos queda
tiempo que gastar.

Auch

Mientras tú me susurras
que todo irá bien,
mis demonios me gritan
que no vas a volver.

Sonrío

Sonrío al recordar tus pequeñas manías,
tus constantes quejas del frío que hacía,
tus miradas cuando yo iba en manga corta y sonreía.
Sonrío al pensar en las muchas pizzas que comimos,
en los restaurantes a los que criticamos juntos,
en los conciertos a los que queríamos haber ido.
Sonrío al fijarme en las farolas en las que nos besamos,
en los parques en los que íbamos cogidos de la mano,
en los cines en los que intentábamos
(sin éxito) quedarnos callados.
Sonrío al recordar cuánto nos quisimos,
cuantos "te quiero" nos dijimos,
cuantas promesas hicimos.
Sonrío porque acabo este poema
y estoy llorando,
lloro porque todos los versos
los he escrito en pasado.

¿Pasado o presente?

Solía dejar la puerta abierta
por si te decidías a volver
y querías entrar.

Solía limpiar el polvo de nuestros recuerdos
para que no se ensuciaran
y conservaran toda su belleza.

Solía desear ver tu sonrisa,
esa que no podía evitar que se me contagiara,
esa que podía derrotar a mis demonios.

Solía hablarle de ti a todes
para mantener viva tu presencia,
para poder creer que no te habías ido.

Solía limpiarme la cara con agua fría
porque siempre decías que las lágrimas
solo hacían más feo un rostro.

Solía soñar con un mundo perfecto,
con una vida completa,
con un "nosotros" infinito.

Solía mentir(me) para soportar el dolor,
para camuflar las heridas,
aunque nunca negaré
que aún lo sigo haciendo.

Rabia

Qué rabia que mis mejores poemas
hablen sobre ti,
qué rabia que no te los merezcas,
que ignores su presencia,
que ni siquiera los leas.

Qué rabia que no nos entendamos,
que seamos tan opuestos,
que no logremos aclararnos,
que solo consigamos enfadarnos.

Qué rabia que todo acabara así,
que faltaran cosas por añadir,
anécdotas por explicar
y emociones por sentir.

Qué rabia que no logre entenderte,
que te fuiste de repente,
sin darme tiempo a reaccionar,
ni siquiera a sorprenderme.

Qué rabia el amor no correspondido,
los celos incontenidos,
el dolor que aún sigue conmigo,
las promesas que no hemos cumplido.

Qué rabia,
qué rabia todo:
la vida, la muerte,
el vacío, los murmullos,

el futuro, el presente.

Qué rabia querernos,
qué rabia no hacerlo,
ojalá que esta rabia esconda
todo lo que (te) echo de menos.

Lo que nos queda

Tanta rabia el futuro
y que tú no estés presente,
tanta rabia el pasado
y que sigas en mi mente.
"Las personas se van"
es lo que todos dicen,
"porque nada es para siempre"
es lo que todos callan.
Pero esa es solo la excusa,
no la verdadera razón,
pero eso no es un motivo,
ni siquiera una explicación.
Y tú ya no estás aquí,
ese es el hecho.
Y yo nunca estaré allí,
ya lo sabemos.
Tanta rabia tu recuerdo
y que sea lo único que quede,
tanta rabia tus palabras
y el miedo que me daba perderte.
Al final lo logré,
ni siquiera intentaste quedarte.
Al final te gané,
ahora solo me queda olvidarte.

Dudas

No sé lo que siento
e intento entenderte,
me dices "te quiero"
y no sé si creerte.
La miras a ella
como si fuera el cielo,
me miras a mí
cuando vuelves al suelo.
Hay muchos matices
que sé que me escondes,
intento descubrirlos,
pero solo veo colores.
Esto no funciona
aunque intente creerlo,
no sé qué decirte,
pero te echo de menos.

No lo olvides: si se acaba, también fue real.

AMOR Y ASCO

Lágrimas y cenizas

Espectro

Y poco a poco
la miro
y se aparta de mí.
De mis demonios escondidos,
de mis sueños robados,
de todo lo que prometimos,
de la nada que ha quedado.
Y se aleja
y no puedo
hacer otra cosa que mirarle,
y se acerca
y no entiendo
por qué le cuesta tanto quedarse.

No sé qué decirle,
no me salen las palabras,
me quedo en silencio,
su mirada me apuñala.
"No te vayas"
quiero susurrarle,
"allí está la puerta"
acabo soltándole.
Me mira herida
y yo me siento morir,
"lo siento" diría,
pero se me da mejor mentir.
Se aleja lentamente
y se acaba girando,
le brillan los ojos,
creo que se va llorando.

Querría seguirla,
pero mis pies no se mueven,
no quería herirla,
no sabe cuánto me duele.
Me siento en el suelo
y contemplo las estrellas,
no siento el corazón,
se lo ha llevado con ella.

Rota

El silencio se rompe
a causa del llanto
y las lágrimas caen
sin que pueda evitarlo.
La ciudad está oscura,
mi alma tiembla,
las calles vacías,
mi corazón a ciegas.
Duelen los recuerdos,
sobran las expectativas,
me rompo en pedazos
mientras pasan los días.

Mentiras piadosas

El amor es una mierda, me repito.
Porque si no,
qué otra manera tengo de explicar
por qué me dolió tanto cuando te fuiste.

Etéreo

Las lágrimas caen
mientras todo se derrumba,
las palabras no salen,
son incapaces,
y mis ojos cerrados,
ya no brillan tras tu ausencia.
Dormir ayuda,
soñar despeja,
despertarse cuesta.
No vuelvo a ser yo,
no como antes,
pierdo mi voz,
mi sonrisa
y mi ternura.
El día cansa,
la noche agota,
el insomnio dura.
El silencio habla,
el ruido calla,
la luna brilla,
el sol falla.
La tierra muere,
como las ilusiones,
los sueños
y mis esperanzas.

Perdida

"Resiste", me digo a mí misma
mientras las lágrimas surcan mi rostro
y mis fantasmas me rodean.
El vacío no desaparece cuando estoy contigo,
solo se esconde esperando el momento oportuno,
esperando a que yo baje las defensas
para atacar de nuevo.
Y me pierdo.
En tu mirada,
en las sombras,
en los rincones de este mundo.
Aquí donde los muertos hablan,
más incluso que los vivos,
y donde un secreto
pesa más que tu propia conciencia.
Lloraría,
si tuviera fuerzas,
gritaría,
si el silencio no estuviera presente,
volaría,
si me quedaran alas.

Ha pasado tanto tiempo
que el recuerdo se desvanece,
pero la pena no,
ella se mantiene firme e hiriente,
como tú,
como yo,
como siempre.

Caída libre

Ese amor no correspondido
separó nuestros corazones
y ahora que estamos más juntos que nunca,
solo estamos tan cerca
como enero y diciembre.
Escucho tus palabras
pero las mías siguen sin salir,
no resisto este silencio
y me marcho dejándote
sin nada que decir.
Al sol que antes había
lo ha sustituido la lluvia,
la confianza que estuvo perdida
vuelve a estarlo sin remedio,
me lanzo a un vacío de máscaras y mentiras
y mi corazón hace tiempo
que perdió su paracaídas.

Fénix

Cenizas no quedan
donde hubo fuego,
se fueron volando,
se las llevó el viento.

Nostalgia

No echo de menos cómo eras,
sino cómo era yo cuando estaba contigo (feliz).

Viento

Te fuiste.
Se fueron tus mensajes
y mi ilusión al recibirlos,
todas las risas que provocabas
y las lágrimas que podías curar como si nada.
Se fueron mis ganas de hablarte
tiempo después de que las tuyas se hubieran esfumado,
las noches volvieron a ser oscuras
y los días pasaron como si fueran años.
Se fueron tus palabras
como si se las llevara el viento,
solo quedaron recuerdos
que aguantaron como un tormento.

Te busco

Te busco,
en los lugares a los que íbamos,
en el banco donde me puse a llorar,
en el parque donde me encontraste llorando,
en la ciudad donde recogiste mis lágrimas.

Te busco,
porque las calles no son lo mismo sin ti,
porque echo de menos tus palabras
y tus abrazos,
porque aquel otoño
te llevaste más de lo que imaginas.

Te busco,
aun cuando sé que no te encontraré,
aun cuando te encuentro sin querer,
aun cuando quiero encontrarte
pero me pierdo a mí.

Ataraxia

Es como si camináramos
sobre cristales rotos,
poco a poco,
paso a paso,
lentamente
para evitar cortarnos.
Es como si fuéramos
tortugas recién nacidas,
mirando a los lados y arriba,
para evitar que nos ataquen
y poder llegar a la orilla.
Es como si estuviéramos
atados a una bomba,
haciendo el menor movimiento,
esperando la señal de que está inactiva,
para poder volver a nuestra normal vida.
Es como si no nos conociéramos,
como si fuéramos dos extraños,
como si nos hubiéramos hecho daño.
Es como si no quisiéramos hablarnos,
como si evitáramos tocarnos,
como si quisiéramos olvidarnos.

Promesas

"Estoy contigo",
dijiste,
el problema vino
cuando dejaste de estarlo.

Vuelve, pequeña

Aún te veo
corriendo por la calle
con esas mallas negras
y tus bambas de fútbol.
Aún te veo
riendo con tus amigos
dándoles órdenes a todos
sin esperar a que te sigan
aunque ellos lo hagan igualmente.

Aún te veo
estudiando en tu escritorio
mirando confusa esas fórmulas,
aprendiéndote las revoluciones
o memorizando preposiciones.
Aún te veo
concentrada en tu libreta
con los cascos puestos
y la música y los versos
inundando tu cabeza.

Aún te veo,
aún perdura tu recuerdo,
aún resuenan tus palabras
y tu risa aún hace eco.

Vuelve, pequeña,
aún hay gente que te ve aunque no estés,
aún hay gente que confía
en que esto no es más que una pesadilla.

Transporte público

Hoy te he visto en el metro
y todos los recuerdos han vuelto
y he tenido que sentarme en un asiento
y calmar los sentimientos.

Has renacido de pronto,
tu aroma,
tus promesas,
mi corazón roto.

Me he acercado a saludarte,
solo para ver qué pasaba,
"cuánto tiempo, ¿qué tal?"
te he dicho mientras te girabas.
"Lo siento, señorita,"
"creo que se ha equivocado",
ha contestado tu reflejo,
"es cierto, perdone"
y he vuelto a mi asiento.

No eras tú,
solo un pasajero más,
ahora ya no cojo el metro,
no quiero volverme a equivocar.

Colonia

Vuelvo a oler a colonia
y, aunque se parece a la tuya,
sé que no lo es:
la tuya olía a casa,
esta solo huele a alcohol.

Inmarcesible

Las estrellas me recuerdan
que ya no estás aquí,
que eres una de ellas,
que ya no puedes volver.
Tu recuerdo me atormenta
más de lo que querría,
menos de lo que debería,
pero aún así tu ausencia continua.

He llorado y lloro por ti,
pero las lágrimas no sanan,
solo te desahogan;
en el fondo este vacío
sigue siendo igual de profundo.

Echo de menos tus palabras y tus bromas,
tus Powerpoints y tus poemas,
las comidas y las cenas,
los crucigramas y los pasteles,
los dibujos en la tele
y tu sonrisa en la cara.

Te echo y te echaré de menos,
ayer, hoy y siempre,
porque serás una estrella en el cielo,
pero un recuerdo en mi mente.

Dos estrellas

Veo tu frágil cuerpo
tumbado en aquella cama,
tienes los ojos abiertos,
pero no dices nada.

Me acerco y cojo tu mano,
está fría, sin energía,
pero aún así tus dedos me envuelven
y siento la alegría
que siempre desprendías.

Me miras y sonríes,
"ya eres toda una moza"
asientes y me dices.
Yo retengo las lágrimas,
no quiero que las veas,
siempre dices que llorar
hace que parezca más fea.
"¿Saludarás al yayo si lo ves?"
pregunto como una niña pequeña,
"claro que sí" me contestas
"y le daré un beso muy grande
de parte de la mayor de sus nietas".

Ya está, ya no me quedan palabras,
qué irónico que me considere poeta,
me sonríes triste y sé que lo entiendes,
yo espero a que tus ojos se cierren.

Tu corazón va perdiendo latidos,
te beso en la frente
y me despido;
y aunque hoy las estrellas
brillan más que nunca,
sé que hay dos de ellas
que brillan más que ninguna.

Si el cielo fueras tú

Hoy el cielo estaba bonito, pero triste.
Se parecía a ti,
a ese nosotros que nunca avanzaba,
a las ganas que lo empujaban
aunque siguiera parado en el espacio-tiempo.

Hoy el cielo mostraba varios colores
como mis mejillas cuando hablábamos,
como los que veía en tu risa
y en cada conversación de madrugada.

Hoy el cielo estaba distinto, quizá distante.
Ocultaba su interior detrás de nubes,
mostraba una máscara que no era él,
decía mucho menos de lo que pensaba;
quizá por eso ya no se ve la luna.

Hoy el cielo no brillaba,
no han relucido sus diamantes,
se han escondido las estrellas,
se ha apagado su llama,
no luce el mar dentro de una botella.

Hoy el cielo ya no animaba,
ya no me hacía sonreír,
no necesitaba mi presencia ni yo la suya,
solo convivíamos, compartíamos espacio.

Hoy el cielo estaba bonito, pero…
No hay "peros",

estaba bonito, esa es la certeza,
triste también, a mí no hay quien me engañe;
simplemente se parecía a ti,
a esa persona sobre la que no quiero escribir.

Quizá por eso escribo sobre el cielo,
quizá él y la luna mantengan a salvo tu recuerdo.

Lo que fue de nosotros

Traspasaste la coraza
y partiste el corazón,
ahora ya no sé qué pasa,
ya no sé qué es el amor.

Yo sé que no fue tu culpa,
simplemente fue un error,
hubiera bastado una disculpa
o un motivo de ese adiós.

Me enteré de que eres feliz,
que hay nueva gente en tu vida,
que yo solo fui un desliz,
una historia que se olvida.

Ahora si te veo de lejos
bastará con saludar,
no queda nada de esos besos,
no queda nada de qué hablar.

Tanto tengo, pero a ti no

Tengo el olor de tu colonia
grabado en mi mente,
a veces parece
que aún estés aquí.

Tengo nuestras fotos
en una caja sin abrir,
a ver si un día me decido
y consigo tirarlas por fin.

Tengo todas tus cartas
en sobres que aún están por leer,
no quiero leer tus palabras,
no quiero saber qué pensabas.

Tengo el sabor de tus labios
pegado aún a los míos
y por muchos más que bese
no consigo evadirlo.

Tengo la luz de tu sonrisa
que antes tanto iluminaba,
se apaga como si nada,
pronto solo quedarán cenizas.

Tengo el sonido de tu voz
hablándome en susurros,
no puedo volver a oírla,
hace mucho que ya no te escucho.

Tengo tu maldito recuerdo
en mi corazón almacenado,
a ver si de tanto polvo
consigo poco a poco olvidarlo.

Inocencia

Llorando te pedí que te quedaras,
que las noches fueran días,
que por favor no te marcharas.
"Lo único que pido es que sonrías"
pediste tú sin derecho,
"solo es mi parte sombría"
contesté yo sin quererlo.
No quisiste responder,
intenté no seguir discutiendo,
"¿y si ya no hay más que hacer?",
espero equivocarme de lleno.

Hace ya un año de aquella mirada,
de bloqueos, llantos y celos,
de saber que no estaba equivocada.
El final me dejó asimilando,
ni apoyo, ni llamadas, ni mensajes,
qué ironía lo que está pasando,
odio querer esperarte.
Echarte de menos es idiota,
ya sé que no volverás;
desearlo no lo provoca,
solo es un "ojalá" más.

Maldita mi inocencia,
el creer que funcionará,
maldita mi dependencia
y el pensar que te ibas a quedar.

Déjà vu

Y es una pena lo que nunca te dije,
que quise enamorarme,
que quizá sí te quise.

Me duele aceptarlo,
me cuesta olvidarte,
el dormir me despeja
hasta que vuelvo a soñarte.

No sé lo que fuimos,
nada es lo que somos,
solo dos extraños,
ya no hay un nosotros.

Y es una pena
que no lo supieras,
que te echo de menos
ahora que no estás cerca.

Que me envuelve tu olor
cuando voy por la calle
y sonrío de pronto
como si volviese a abrazarte.

Evito la música
que te trae a mi mente,
pero a veces me encuentro
tarareando inconsciente.

Y es una pena
porque cuando vuelves
ya no es como antes
y vuelvo a perderte.

Si estamos juntas, no habrá jaula lo bastante grande para contenernos a todas.

JAULAS DE SEDA

¿Cuándo dejó el amor de ser un juego entre dos personas para ser una batalla?

EL CHICO DE LAS ESTRELLAS

Libertad y esperanza

Tal día como hoy

Tal día como hoy
fusilaron a un poeta entre varios
por ser hombre y amar a alguien,
por ser rojo y creer en algo.
A día de hoy
han matado a un chico
a grito de "maricón" entre varios
por ser chico y amar a alguien,
por sentirse libre y no callarse.

Tal día como hoy
las mujeres morían
a manos de sus maridos,
padres o hermanos,
sin motivo alguno,
sin haber pecado.
A día de hoy
aún mueren
miles de mujeres cada año
a manos de maridos,
ex's o acosadores,
sin tener culpa de nada,
por no querer sentirse esclavas.

Tal día como hoy
los bosques quemaban,
las montañas caían,
los animales sufrían
por tantos incendios,
por tantas autovías.

A día de hoy
el hielo se descongela,
los bosques aún se queman,
el planeta se queja
y la contaminación sube
y ya nada la frena.

Tal día como hoy
el mundo pasaba hambre,
había gente sin agua ni ayuda
que solo buscaba refugiarse,
que no quería guerras ni bombas,
solo que les dejaran quedarse.

A día de hoy
la gente aún huye
de caos, de regímenes y dictaduras
hacia lugares seguros y mejores
mientras el resto hace fotos y anima,
pero muy pocos son los que ayudan.

Tal día como hoy
las cosas estaban mal
en todos los ámbitos, en general,
en etnia, género, economía,
también en orientación, política,
enfermedades o psicología.

A día de hoy
el mundo ha mejorado,
pero las bases siguen igual;
nos esforzamos en cambiarlo,

pero ninguno de estos intentos
consigue hacer esto avanzar.

Nos llamamos humanos,
eso nos hacemos creer,
pero ¿por qué me da la impresión
de que los Pokemons evolucionan
y, en cambio, nosotros
nos quedamos donde siempre?

Princesas

Y la princesa, harta de tanto cuento,
se olvidó de príncipes y maldiciones
y se dispuso a ser feliz.

Cuentos

El cuento cambia
cuando la princesa se cansa de esperar a ser rescatada
y derrota al dragón ella sola.

Colores

Si el rosa es para niñas
y el azul para niños,
yo me pido el arcoíris.

Libre

Nadie debería tener miedo de amar,
ni de ser quien es,
ni de sentir como siente.

¿Qué más da el género que seas
si no te identificas con él?
¿Qué más da lo que diga la Biblia
si tú le amas y ya?
¿Qué más da lo que piense la gente
si eres tú quien decide?

El respeto no hay que ganárselo,
es algo que todos merecemos,
igual que ser libres,
igual que sentirse segure,
igual que sentirse aceptade.
Nadie debería tener
que salir de ningún armario,
porque básicamente
nadie tendría que estar en uno.

Cómo soy

Sueños que cambian la realidad,
gustos y maneras que no encajan,
gestos y palabras
que entre la multitud resaltan.

Mi mente piensa algo,
mi corazón la apoya,
pero la sociedad disiente.

¿Qué les cuesta entender
que no me siento como soy?
¿Por qué intentan meterse en mi vida
si su opinión no entra en esta ecuación?

Una sociedad que no me acepta
como su igual,
no entiende realmente
el valor de la diversidad.

Si Juan es el nombre que me denomina,
pero Irene el que me representa,
yo decido quién soy
y les demás que se abstengan.

Hartas

Estamos hartas.
De ser menospreciadas,
de que no se nos escuche hasta que gritamos,
de no poder andar tranquilas por la calle,
de que nos puedan decir lo que quieran
y no podamos hacer nada.
Hartas de esta sociedad de mierda,
donde por nacer hombre ya tienes más privilegios.
De este patriarcado que nos encadena
y nos impide ser libres.

Hartas y cada vez más,
de que nos violen, asesinen, acosen o maltraten
y que se nos siga juzgando a nosotras.
"¿Iba sola?"
"¿Cómo vestía?"
"Que se cuide un poco más"
"Que no provoque tanto"
"¿Qué hacía allí con tantos hombres?"
"Después os quejais de que os violen"

No es justo tener que soportar esto
cuando nosotras somos las víctimas.
Si la sociedad no reacciona,
la haremos reaccionar a gritos,
porque pueden intentarlo,
pero nunca nos callarán.

Somos el grito de las que ya no tienen voz
y estamos hartas.

No todo lo que es de oro reluce, ni toda la gente errante anda perdida.

EL SEÑOR DE LOS ANILLOS

Piezas y rompecabezas

1. Tú tan tú y yo tan yo.

2. A veces hay que desconectar para reconectar.

3. Te echo tanto de menos que no sé cómo escribirlo.

4. A veces siento que me mira como si estuviera viendo algo increíble.

5. No duele por lo que fueron, solo duele por lo que ya no son.

6. Quizá la vida es aprender que hay personas sin las que no podemos vivir, pero a las que hay que dejar.

7. No estoy bien, pero ya no es a ti a quien tiene que importarle.

8. Creo que lo peor que podría hacer ahora es dejar de creer en nosotros.

9. No es que "I'd still dance with you", es que es el único con el que me apetece bailar.

10. Tú tan Duki y yo tan Taylor Swift.

11. El problema es que sé que es ser mucho, pero a la vez no ser suficiente.

12. En este juego de dos solo gana quien pierde más.

13. Quizá simplemente ya no.

14. ¿De qué sirven los atrapasueños cuando las pesadillas son reales?

15. Qué lejos estamos y qué cerca nos sentimos.

16. No sé si me da más miedo que no responda o saber la respuesta.

17. Lo que más rabia me da es que él hubiera sabido qué decir.

18. Coraza de hierro, corazón de cristal.

19. Ni contigo, ni sin ti, pero conmigo sí.

20. Tú tan música clásica y yo tan heavy metal.

21. Solo la impotencia de la mente llena y la página en blanco.

22. Lo difícil no es amar, lo difícil es salir indemne de una historia de amor.

23. El problema es que te has ido, pero sigues aquí.

24. Las cenizas solo son una muestra de que lo que hubo se apagó.

25. Nunca olvides quién estuvo cuando todos se fueron.

26. Los momentos son bonitos hasta que solo te queda el recuerdo.

27. Las flores son bonitas, pero los cactus indestructibles.

28. Sonrío al acordarme de "nosotros" y lloro al volver al "yo".

29. La sonrisa no es tuya, pero es por ti.

30. Duele incluso cuando parece que estás aquí.